MÉMOIRE

en Images

ROSPORDEN

Cyrille Maguer

ALAN
SUTTON

Dans la même collection

Département du Finistère

Audierne et le Cap-Sizun
Brest
Brest (L'arsenal de)
Bretagne de mer et de terre
Carantec
Concarneau I
Concarneau II
Cornouaille (La)
Crozon I (La presqu'île de)
Crozon II (La presqu'île de)
Crozon III (La presqu'île de)
Douarnenez
Fouesnant (Le pays de)
L'Aber-Ildut de terre en aber
Landerneau
Landivisiau (Le pays de)
Le Guilvinec et son canton
Léon (Le)
Lesneven et côte des Légendes (Le pays de)
Locronan et le pays du Porzay
Morlaix (La baie de)
Pagan (Le pays)
Pêcheurs morutiers - Le grand métier
Plougastel
Pont-Aven
Pont-l'Abbé et son canton
Quimper
Quimper à Quimperlé (De)
Roscoff
Saint-Pol-de-Léon

De nombreux ouvrages ont été publiés dans les autres départements.
Un catalogue de plus de 1 600 titres est disponible sur simple demande
auprès de votre libraire ou aux Editions Alan Sutton.

Editions Alan Sutton
8, rue du Docteur Ramon
BP 90600
37542 Saint-Cyr-sur-Loire

Première édition août 2007

ISBN 978-2-84910-650-1

ISSN 1355-5723

Dépôt légal : août 2007
Imprimé en Grande-Bretagne par Oaklands Book Services Limited, Gloucestershire

Sommaire

Remerciements

Gérard Berthelom, André le Bihan, Georges Carduner, Renée Crabot, le Studio Huitric-Pétillon, Louis Quénéhervé, Yves Rica, Philippe Satre, le personnel du centre culturel de Rosporden.

Introduction

Edifié dans un site naturel des plus agréables au Xe siècle, Rosporden se mire dans les eaux paisibles d'un étang de plus de 40 hectares. L'Aven se jette au nord dans l'étang, en ressort au sud et s'écoule sur une longueur de 20 kilomètres jusqu'à Pont-Aven.

Au début du XXe siècle, le vicomte Villiers du Terrage découvre à Kerambroc'h, en bordure de la route de Coray, et à Penbuel, dans le champ Park ar Vanal, deux sépultures sous *tumulus*. Des traces attestent la présence d'êtres humains au début de l'âge du bronze. Lors de la construction de l'usine Mayola, Vincent Guernalec découvre un vase en terre contenant une vingtaine de haches en bronze.

A l'époque gallo-romaine, un camp militaire défend le passage de l'Aven, tandis que sur la butte s'élevant entre l'église et la route de Coray s'établit une exploitation rurale que l'on appelle *villa*. Au Xe siècle, la motte féodale occupe cet espace. La motte féodale de Penbuel dominant le pont Bastard doit dater du début du XIIIe siècle.

Au cours des siècles, l'appellation Rosporden subit des transformations. Ainsi trouve-t-on dans les archives Rosperden (en 1262), Rosprenden (en 1334 et 1407), Rospreden (en 1300, 1462 et 1536).

En 1334, le duc Jean III donne à son frère et comte de Monfort-l'Amaury, Jean de Bretagnet, la châtellenie de Rosporden. En 1382, le domaine est transmis à Jeanne de Retz.

La juridiction royale de Rosporden est intégrée au siège présidial de Quimper le 29 mars 1564. Une partie du territoire est aussi occupée par les hospitaliers de Saint-Jean-de-Jérusalem qui y fondent un *minihi*, devenu plus tard le siège de la seigneurie de Kerminy (ou Kerminihy).

Trente ans plus tard, en août 1594, au cours des guerres de la Ligue, les troupes espagnoles menées par Don Juan d'Aquilla s'établissent à Rosporden. Leur espoir ? Profiter de la situation pour s'emparer de Concarneau. En vain car le gouverneur de ladite ville ne tombe pas dans le guet-apens tendu par le capitaine espagnol. Une dizaine de jours plus tard, les hommes d'Aquilla se replient sur Quimperlé. Humiliés, ils brûlent une grande partie de la ville. Seule l'église échappe à la destruction. Une situation à laquelle Rosporden échappa de peu en août 1944, lors de la libération de la ville.

Autrefois simple trêve d'Elliant, Rosporden compte 765 habitants au 20 avril 1793. Après la Révolution, la ville est délimitée au nord par une rivière que l'on rencontre à mi-route de Tourc'h au lieu appelé Pont Bastard ou pont War Ster, à l'ouest par les Elliant et Saint-Yvi. Au sud, la limite est marquée par la garenne *goarem chass* non loin de la place aux Chevaux. Enfin, à l'est, elle est bornée par l'étang qui sépare la cité de Kernével.

Parmi les édifices intéressants, citons la chapelle Saint-Eloi, où se déroulait autrefois un pardon où se retrouvaient les patrons de fermes des paroisses limitrophes, et le château de Kerminhy, sur la route de Coray. Ce château fut occupé en son temps par le vicomte Villiers du Terrage, membre de la Société archéologique du Finistère. Mais le monument qui fait le charme de Rosporden n'est autre que l'église. En 1900, un touriste qui arrive en ville depuis Bannalec ne peut manquer d'être attiré par la silhouette quelque peu originale de l'édifice qui a la particularité de se refléter dans les eaux de l'étang qui baigne le cimetière.

La petite ville devenue chef-lieu de canton s'accroît sous l'influence du chemin de fer et des voies qui y aboutissent sous le Second Empire. Voilà à présent la cité des Etangs reliée aux chefs-lieux de canton les plus importants de Cornouaille au nombre desquels Scaër, Carhaix, Concarneau ou encore Pont-Aven. L'agriculture profite la première de la facilité d'expédition des produits, tant et si bien qu'avant la Grande Guerre s'imposent à Rosporden les gros expéditeurs de blé Boutet et Dagorn.

Rosporden n'a pas été épargné par les épreuves de l'Histoire et faillit subir le sort tragique d'Oradour-sur-Glane dans les heures terribles de la Libération.

Cet ouvrage, n'en doutons pas, suscitera l'éclosion de souvenirs enfouis dans chacun des lecteurs attachés aux riches heures du passé de la cité des Etangs. Chaque cliché représente une composante de cette immense toile que constitue notre mémoire collective que tous à notre manière nous nous efforçons de transmettre.

Dans l'entre-deux-guerres, André Sprauel, sur la moto en compagnie de son jeune fils, s'installe à Rosporden. Ancienne gloire du Vélodrome d'Hiver dans les années vingt, il ouvre un magasin Peugeot rue Nationale. (Collection Huitric-Pétillon.)

1

A la découverte de Rosporden

A l'entrée de Rosporden, au pied de la rue Hyppolyte le Bas et en cheminant le long de l'Aven, il y avait un lavoir ainsi qu'une pompe permettant d'alimenter en eau les foyers proches du moulin. L'Aven serpente nonchalamment au bas du coteau avant de poursuivre son chemin jusqu'à Pont-Aven.

Vue générale de Rosporden dans l'entre-deux-guerres. Au début des années 1900, de part et d'autre de cette courbe boisée de l'Aven se trouvait l'extrême partie septentrionale de Melgven, à gauche, et Kernével, à droite. Ces deux portions de terrain font aujourd'hui partie du territoire rospordinois. (Collection Gaby.)

Depuis un champ dominant la ville, le regard est attiré par deux signes de puissance qui émergent au-dessus des toits : le clocher et le beffroi de la mairie. Dans le lointain s'étend la proche commune rurale d'Elliant, le pays Mélénick.

L'école primaire de la rue Alsace-Lorraine occupe de nos jours une partie de cette prairie. Derrière la rangée d'arbres, on devine la présence du moulin sur l'emplacement duquel a été édifié le centre culturel.

Autrefois les terres enserrant Rosporden étaient marécageuses. Au XIVe siècle, une première digue est construite, formant l'étang. Cet aménagement permet de canaliser les eaux qui, dès lors, entourent presque entièrement le tertre sur lequel est érigé le château ducal. Il permet d'accéder au moulin construit à l'extrémité de l'étang.

L'étang et ses marais sont aussi des endroits d'où surgissent des légendes destinées à effrayer les enfants.

Vue sur une partie de l'étang depuis la voie ferrée entre Rosporden et Carhaix. L'espace situé entre le pont, où l'on note la présence de lavandières et le groupe d'arbres, est aujourd'hui occupé par la place du 8 Mai 1945.

Une famille cède au caprice d'un photographe désireux de réunir sur un même cliché des représentants de la population locale au bord de l'étang. En arrière-plan apparaît le pont du chemin de fer de la ligne Rosporden-Quimperlé.

En contrebas de la ligne Rosporden-Coray, un père aux côtés de sa petite famille se repose sur la berge de l'étang.

En 1760, le duc d'Aiguillon, gouverneur de Bretagne, entreprend la construction d'une nouvelle route Quimperlé-Quimper par Rosporden. La chaussée est entièrement reconstruite par les habitants de Rosporden qui fournissent des journées de corvées.

Erigée dans un site agréable, la cité de Rosporden se reflète dans les eaux paisibles d'un étang de plus de 40 hectares. Le 5 mars 1964, sous le mandat de René Le Gall, la commune devient propriétaire du moulin et des étangs. L'antique chaussée reste un lien vital avec l'arrière-pays.

Sur le bord de l'étang, les gamins ne manquaient jamais, les jours d'été, de marquer une halte à l'approche de la maison du cordonnier Mathéo Duigou.

Deux visions paisibles d'un étang aussi lisse qu'un miroir. Les berges demeurent le lieu privilégié des photographes de cartes postales du début du XXe siècle. Quelle autre commune de France peut s'enorgueillir d'un aussi beau cadre ? L'art de rédiger une carte postale réside dans la manière d'occuper le moindre espace libre.

Quel que soit l'endroit où l'on se trouve sur le pourtour de l'étang, tout incite à la flânerie. La nature offre un paysage bucolique propice à l'évasion qui n'a pas manqué d'attirer un certain nombre d'artistes. Qu'il s'agisse de ceux appartenant aux premiers temps de l'ère de la photographie ou encore de peintres à l'instar d'André Dauchez, auteur d'une peinture à l'huile représentant une vue de Rosporden au début du XXe siècle.

Dans les années qui précèdent la seconde guerre mondiale, la translation du cimetière, situé entre l'église et l'étang, jusqu'aux abords de la route de Coray constitue l'une des principales affaires qui occupent l'actualité locale.

Une vue assez rare de l'étang et des environs prise sous la neige. On distingue la chaussée du moulin sur laquelle se hasardent deux personnes, tandis qu'à l'arrière-plan on aperçoit la ligne de chemin de fer. (Collection Huitric-Pétillon.)

4 ROSPORDEN. — La Rue de Reims et l'Eglise

Au début du XVIIe siècle, le calme étant revenu après l'épisode sanglant de la guerre de la Ligue au cours duquel Rosporden est incendié, le gouverneur de Concarneau, Jégado de Keroulien, rebâtit en partie la cité martyre. Le presbytère et la maison des demoiselles Billette, remplacée dans l'entre deux guerres par le magasin de meubles Henri Troalen, s'implantent sur la place de l'église. (Collection Gaby.)

30. - *ROSPORDEN (Finistère). — Rue de Reims*

Une Rospordinoise s'en revenant de la boulangerie emprunte la rue de Reims, tandis que d'autres femmes échangent les nouvelles sous un arbre, à l'entrée du cimetière.

L'église est construite sur l'emplacement d'un ancien édifice dédié d'abord à saint Alar, puis à saint Eloi. Le calvaire du cimetière, à gauche de l'arbre, est restauré en décembre 1905. La croix vermoulue est remplacée par l'ancien fût de pierre surmonté d'une croix neuve financée par les paroissiens.

Le porche méridional, l'un des plus vieux de Bretagne, s'ouvre par une arcade en plein cintre recoupée par deux arcs en tiers points retombant sur une colonne centrale.

Outre la nef et les piliers aux chapiteaux feuillagés surmontés de tailloirs moulurés, l'intérieur de l'église est également intéressant pour deux œuvres réalisées dans le courant du XVIIe siècle, *l'Assomption de la Vierge*, peinte par Nicolas Loir, et le retable. Ce dernier est surmonté d'un retable à tourelles datant du XVIIe siècle dont la splendeur n'a rien à envier à ceux de Bodilis, Locquénolé ou encore Pleyben.

Les parties principales de l'église remontent à l'époque ogivale du XIIIe siècle. L'église présente un chemin de ronde dans l'épaisseur de la maçonnerie à la hauteur des lucarnes et des clochetons. En montant dans le beffroi, on aura l'occasion d'apprécier l'habileté et l'ingéniosité du maître d'œuvre, notamment la réalisation de quatre grandes lucarnes aiguës avec meneaux.

Tandis que le beffroi de la mairie indique 17 heures, la rue du Moulin, rebaptisée Hyppolite Le Bas, où des deux côtés fleurissent des magasins, semble particulièrement paisible en cette heure avancée de l'après-midi. Les débits de boissons, comme celui de droite, sont autant de stations de repos où il fait bon prendre le frais.

Dans les années trente, le photographe François Pétillon, *alias* Fanch, dont on trouve la signature sur de nombreuses cartes postales, s'installe rue Hyppolite Le Bas, en face du débit de boissons de la carte précédente. (Collection Huitric-Pétillon.)

Depuis la Révolution, le conseil municipal tient séance chez le maire avant que la municipalité ne prenne la sage décision d'entreprendre, en 1825, la construction, sur l'emplacement de l'auditoire et de la prison en ruines, d'une mairie avec un corps de garde. Les halles, visibles sur le cliché du bas, animent l'arrière du bâtiment.

La façade de la mairie est aussi l'endroit où se côtoient toutes sortes de publicités. Le passant un minimum lettré se laisse conquérir par les affiches au contenu peu dissuasif… comment résister à l'appel suivant : *« Donne à ton meilleur ami un verre de Bitter Secrestat. »* La pollution visuelle que génèrent les publicités actuelles n'est pas nouvelle. Seul le lieu d'exposition a changé.

Dans le périmètre de la mairie et des halles subsistent, au début du XXe siècle, de bien belles bâtisses à l'image de la demeure de Queffellec, coiffeur de son état. Il est toujours dommage de constater que certains bâtiments du patrimoine urbain n'ont pas résisté au réaménagement de la ville.

Aux abords des halles et de la mairie se mêlent un bâti ancien et des devantures attrayantes. Des chars à bancs attendent un hypothétique conducteur. Sur le pas de la porte, une femme attend la marchande de lait, tandis que deux gamines filent pleines d'entrain en direction de la proche place de la Mairie.

Sur la gauche de la photo, avant de prendre la direction de Melgven, un magasin de l'Union coopérative propose des produits du monde agricole. Un panneau indicateur, à l'intersection des rues Pasteur et Nationale, signale la route à suivre pour atteindre Kerfany, destination privilégiée d'une majorité de touristes avides de découvrir les plaisirs balnéaires.

La rue Nationale nouvellement pavée, royaume des cyclistes qui, pour un peu, s'imagineraient sur une portion de l'Enfer du Nord, n'en demeure pas moins avant l'arrivée massive des automobiles le territoire de quelques poules des environs du Boulouard.

Dans les années trente, le marchand de graines Nicot, originaire de Melgven, s'installe rue Nationale. Cette vue montre la façade du débit de tabac du bas de la rue Pasteur complètement transformée. Une pancarte sur la maison Nicot indique aux automobilistes la possibilité de se garer sur la place du Boulouard. (Collection Gaby.)

Au début du XXe siècle, la municipalité entreprend le pavage de la rue Nationale. Paveurs et habitants de cette artère vitale de la ville posent côte à côte. Le contremaître, mains sur les hanches et couvert d'un chapeau, au milieu du cliché, veille à la bonne marche du chantier. Le gabarit, au premier plan, assure un bombement uniforme de la chaussée. Les travaux sont aussi l'occasion de créer une animation qui ne manque pas d'attiser la curiosité des enfants de cette rue. (Collection Huitric-Pétillon.)

A l'angle de la rue Nationale et de la rue Pasteur, des femmes s'entretiennent avec la patronne du débit de boissons revêtue du costume traditionnel de la campagne. Le long de cette rue s'aligne une noria de magasins établis à la fin du XIXe siècle.

Au tournant du XIXe siècle, le Boulouard, en limite nord de la commune de Melgven, possède un hôtel des Voyageurs où peuvent faire halte les diligences. Les ouvertures de l'écurie donnent alors sur l'actuelle rue Louis Pasteur. En 1901, Jérôme Derrien, né en 1863, aux côtés de son épouse Louise Naour et de ses trois filles, tient un cabaret sur cette place du Bouloire à l'orthographe changeante.

Quelques années plus tard, l'inscription invitant à prendre du repos à l'auberge de la place du Boulouard a disparu. Le bâti urbain subit des transformations, comme l'indique l'immeuble rehaussé d'un étage situé à l'angle des rues Pasteur et Alsace-Lorraine.

Face à l'essor de l'utilisation de la bicyclette et de la moto, le Garage Central s'installe rue Pasteur. Au bas de la rue, à gauche, on aperçoit l'écurie de l'auberge Capitaine, située en face du foirail de la place de Verdun.

En 1899, la municipalité entreprend d'installer l'éclairage électrique dans les rues de la ville. Dans les années trente, l'important magasin Lebon propose ses services dans le domaine de la distribution de charbon et de l'installation électrique. Sur la devanture, on peut lire : *« Eclairage-Chauffage-Force Motrice »*. Au bas de la rue Pasteur, devant une échoppe, une charrette attelée stationne entre deux automobiles.

Marchands et paysans empruntent la rue de Quimper avant de pénétrer en ville par la rue Nationale. Certains s'en revenant de la ville laissent leur charrette sur le bas-côté de la route avant de prendre place dans une auberge. La publicité du petit écolier Lu orne le pignon d'une maison faisant l'angle de l'actuelle rue Curie.

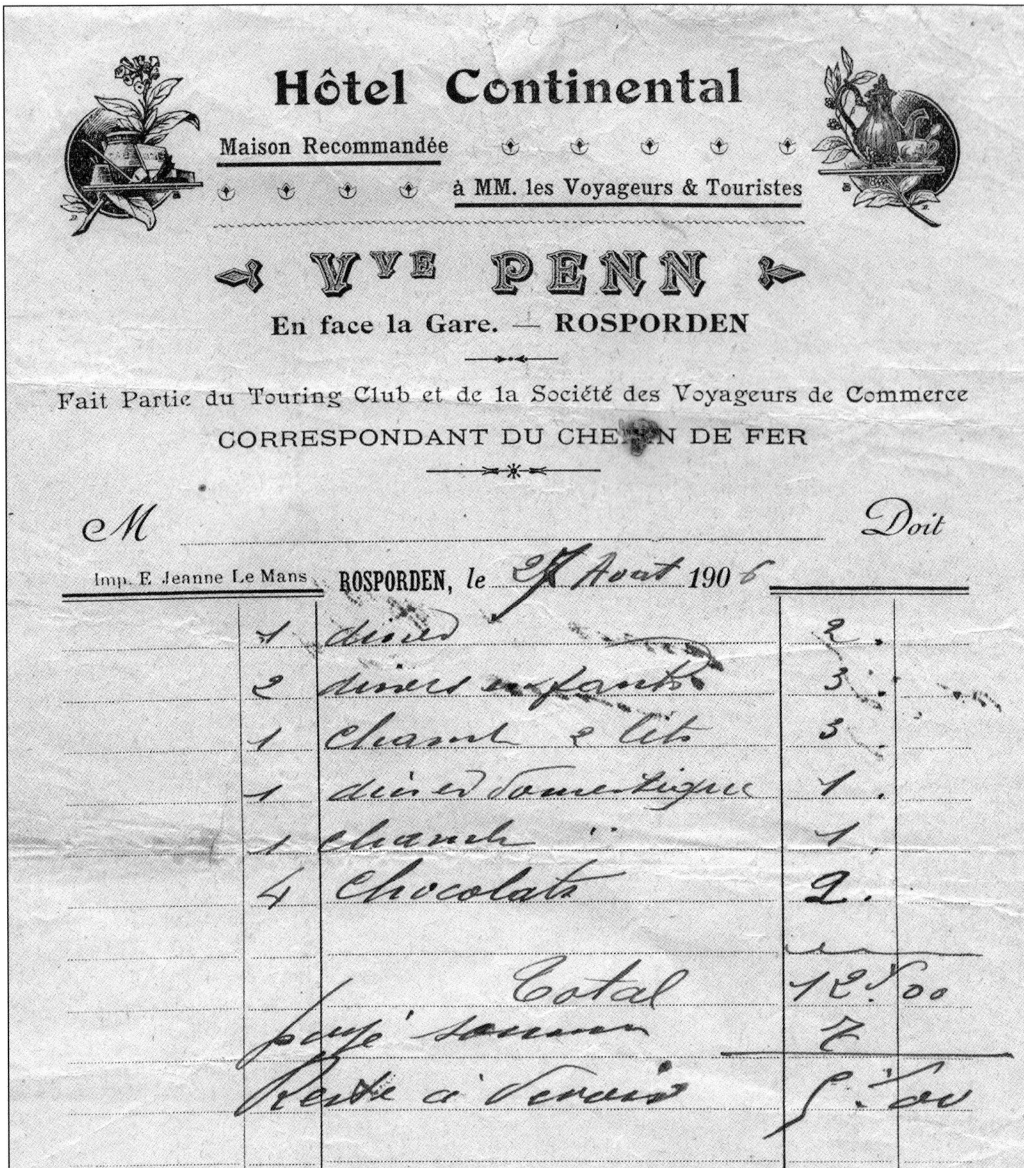

Hôtel Continental

Maison Recommandée à MM. les Voyageurs & Touristes

Vve PENN

En face la Gare. — ROSPORDEN

Fait Partie du Touring Club et de la Société des Voyageurs de Commerce

CORRESPONDANT DU CHEMIN DE FER

M .... Doit

Imp. E. Jeanne Le Mans — ROSPORDEN, le 27 Aout 1906

1	dîner	2.
2	dîners enfants	3.
1	chambre 2 lits	3.
1	dîner domestique	1.
1	chambre	1.
4	Chocolats	2.
	Total	12.00
	payé somme	7
	Reste à devoir	5.00

Situé en face de la gare, l'hôtel Continental, tenu par la veuve Penn, bénéficie d'une grande renommée que ne manquent pas d'apprécier les voyageurs. Au cœur de l'été 1906, une famille passe la nuit dans cette maison recommandée par l'illustre institution du Touring-Club.

Le développement du réseau ferroviaire dans le Finistère, la liaison entre les deux voies littorales en 1867, puis la mise en place d'un réseau à voie étroite pour rejoindre le littoral permettent le développement du tourisme. C'est ainsi que des hôtels à l'image de l'hôtel Continental ouvrent leur porte à proximité immédiate de la gare. Une halte d'une nuit avant de prendre le chemin de l'Océan.

En divers endroits de la ville fleurissent les débits de boissons. Rue Nationale, le patron Jean Bihan, les bras croisés, attend le client sur le pas de la porte. L'établissement est judicieusement placé dans l'axe de la sortie de la gare, de telle sorte que le regard du voyageur ne peut qu'être attiré. Face à l'hôtel Continental, un certain Jean Meur s'est établi comme débitant.

Au début du XXe siècle, les débits de boissons et les hôtels-restaurants marquent le paysage urbain rospordinois. La demande des paysans des environs et des gens de passage est ainsi comblée. Une publicité du Crédit nantais s'affiche judicieusement sur la façade du café Rannou, à l'angle de la rue de la Gare. (Collection Combier.)

Dans les années vingt à quarante la rue de la Gare change profondément d'aspect avec la présence, de plus en plus marquée, de l'automobile. Les devantures subissent des transformations à l'image du café Rannou.

A l'aube de la Grande Guerre, les limites de la ville ne dépassent guère la gare et s'octroient quelques extensions au niveau de la ligne de Carhaix sur la route de Coray. Tout juste compte-t-on après la place aux Chevaux quelques maisons sur la route de Concarneau. L'axe de la rue Nationale, ou Grande Rue, concentre l'essentiel des habitations. Dans l'entre-deux-guerres, l'extension urbaine est considérable.

L'ambiance est particulièrement animée autour d'un cheval racé qui semble attirer l'attention d'une partie de la population. En arrière-plan, au centre de la photo, on aperçoit un char à bancs avec à son bord une paysanne s'engouffrant sous la voûte d'une écurie. Sur le côté droit de la rue on remarque la présence d'un outillage agricole.

Devant un groupe de boutiques, un paysan mène une vache, pendant qu'un groupe d'enfants des maisons voisines envahit la moitié de la chaussée. Les activités agricoles, commerciales et industrielles participent pleinement à l'augmentation de la population par le simple fait de l'appel de la main-d'œuvre. De 1 213 habitants en 1876, ce chiffre passe à 2 887 en 1950.

En 1379, durant la guerre de succession qui secoue la Bretagne, obéissant à Olivier de Clisson qui appelle aux armes les nobles de la châtellenie de Rosporden, Alain de Kermenec'hy se rend à Concarneau. C'est le premier seigneur connu à Kerminihy. A la fin du XVIIe siècle, le domaine est aux mains d'Antoine René le Pappe.

A la veille de la Révolution, le manoir est occupé par François de Kermorial, lieutenant des vaisseaux du Roi. Lorsque la famille Villiers Du Terrage prend possession des lieux dans la seconde moitié du XIXe siècle, elle entreprend la restauration de la chapelle. A compter d'octobre 1870, la messe peut à nouveau y être célébrée.

Chapelle autrefois très fréquentée lors du grand pardon de saint Eloi, le second dimanche de juillet, le renom du saint attaché à cet édifice attirait les paysans de Clohars-Fouesnant, Saint-Evarzec, Saint-Yvi, Melgven, Kernével et d'Elliant. Les chevaux effectuaient trois fois le tour de la chapelle tout en saluant saint Eloi devant le porche, puis le propriétaire allait prier et donnait une offrande.

2

La vie quotidienne

« Tâtez cette belle galline mesdames ! » Le Rospordinois, les bras croisés, semble médusé. Lui, ce qu'il préfère, c'est la chasse, sentir la proie. Dès les premiers frimas de l'automne, il décrochera corne à poudre et fusil de la cheminée et s'en ira par les chemins creux traquer le faisan.

Jeunes et vieux autour d'une table se remémorent les bonnes affaires de la foire aux bestiaux dans un chaleureux décor d'auberge. Une bonne hôtesse doit toujours veiller à ce que les bolées ne s'assèchent pas.

La Vieille Auberge tenue par la famille Gourmelen-Le Meur dans le courant des années cinquante. (Collection Gaby.)

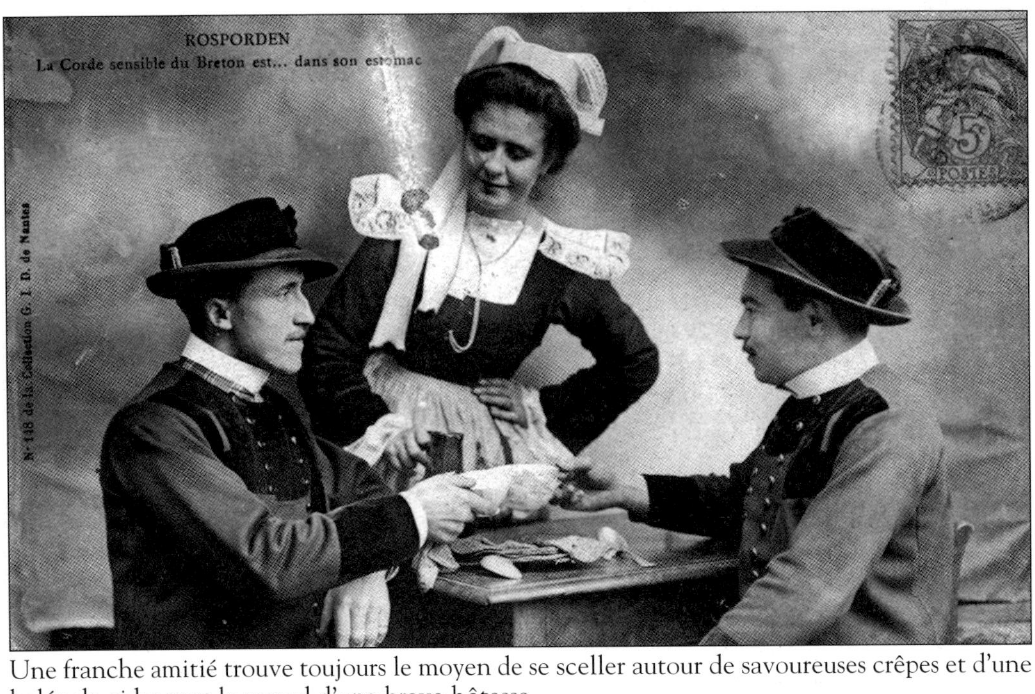

Une franche amitié trouve toujours le moyen de se sceller autour de savoureuses crêpes et d'une bolée de cidre sous le regard d'une brave hôtesse.

L'année de leurs vingt ans sonne pour les jeunes gens le passage devant le conseil de révision. Le carton *« bon pour le service militaire »* fixé sur la casquette donne l'occasion aux copains de la classe de fêter dignement l'un des événements majeurs de leur existence dans un des nombreux cafés de la cité.

Entre deux coups de battoir au bord du lavoir, il est bon de se dérouiller les articulations avec quelques points de crochet.

Les lavandières munies de leur instrument de travail, caisse à savon et battoir, lavent leur linge sale. La convivialité est de mise, sauf lorsque certaines tentent de voler la place d'une plus ancienne, alors pleuvent les coups de battoirs.

Dans la proche campagne rospordinoise, il existe des lavoirs attachés à une seule maison ou une seule ferme. Proches ou loin des habitations, certains lavoirs sont installés au bas d'une prairie, en contrebas d'une source ou en bordure d'un ruisseau. L'état d'esprit qui y règne est-il différent de celui qui anime les lavandières de l'étang ?

Le lavoir constitue un haut lieu de la sociabilité où l'homme est absent. Ce dernier est seulement toléré lorsqu'il faut pousser la brouette chargée du linge propre.

Dans une ambiance un rien fantastique, les lavandières nimbées de vapeur tournent le dos au cimetière et frappent leur linceul. (Collection Gaby.)

Après avoir répandu sur le linge souillé une couche de cendres d'ajoncs, de pommier ou de chêne, les lavandières versent de l'eau chaude et laissent le tout bouillir dans des chaudrons une demi-journée : c'est l'Enfer. Puis, les femmes courbées au-dessus de l'étang savonnent, rincent et essorent le linge qui retrouve sa pureté originelle. (Collection Gaby.)

Dès leur plus jeune âge, les fillettes suivent leur mère sur les bords de l'étang. Il est capital d'apprendre les bons gestes de la lavandière. Dans quelques années le mariage les guettera, aussi devront-elles tenir leur rang au milieu des autres femmes.

Dans le courant de l'été 1899, une série de draps mêlés à des vêtements sèchent à deux pas du cimetière. Scène peu ordinaire qui donne l'impression qu'il s'agit de linceuls. La restauration et l'agrandissement de l'église sont en cours.

Les lavandières de jour sont d'excellentes pourvoyeuses de nouvelles pour la communauté qui les entoure. Mais c'est sans compter sur les lavandières de nuit. Combien, parmi les défunts du proche cimetière, ont fait la fatale rencontre de ces messagères de la mort ?

Si les berges de l'Aven sont en quelque sorte la chasse gardée de la gent féminine, il lui arrive de prendre possession du centre-ville à l'occasion du marché. Ainsi les abords des halles et de la mairie offrent à la vue du passant le spectacle d'un singulier embouteillage. De la campagne afflue un cortège de charrettes dirigées par des femmes en coiffe, avec à leur bord de savoureux produits du terroir.

A cheval ou à pied, le retour du marché est souriant pour celui qui a la bourse pleine ou qui est fier d'une bonne affaire conclue après d'âpres négociations.

Sur les berges de l'Aven, il n'est pas rare de voir, comme ici à l'entrée de Rosporden, des draps sécher, ballottés par un vent chaud estival. Dans le lointain, on distingue les habitations de Pen ar Pont. (Collection Gaby.)

Le Gorrejou, situé sur l'emplacement de l'actuel centre culturel, sert de lieu d'amusement aux gamins qui pataugent dans l'Aven. En cette période de l'été, la rivière souffre d'un manque de débit, ce qui n'empêche pas une de leurs amies de laver le linge de la famille sous le regard d'une fille plus âgée.

Aux environs de la chute du moulin, le meunier avait l'habitude de tendre des filets de pêche que l'on aperçoit en train de sécher entre les deux arbres de droite. Il y avait aussi un poulailler attenant au pignon du moulin. Le cadre de vie ne manquait pas de charme mais finit par se dégrader à l'annonce du glas des moulins de rivière.

L'ancien moulin à l'état d'abandon est rongé par le lierre. Des générations durant, son imposante silhouette, en bordure de la chaussée de l'étang, a rythmé la vie locale.

L'impressionnante chute d'eau du barrage de l'étang avec en arrière-plan la ferme de Pen ar Pont en Kernével.

Les ruines du moulin dans les années soixante-dix, avant sa destruction et la construction du centre culturel avec, en arrière-plan, l'usine Mayola.

Venant de Kernével, un paysan laisse sur sa gauche la rue de Kerantré à l'angle de laquelle est établie une auberge. Entre la ferme de Pen ar Pont et l'entrée du pont, des indices sérieux attestent la présence d'un charron. En effet, le *marchcoat* gît au pied de planches entreposées contre le mur. Sous le regard d'enfants assis sur le rebord, passe une mère de famille chargée de bois de chauffe.

A l'époque gallo-romaine, une route d'intérêt local passait par Cascadec *via* Rosporden. Elle atteignait Coat-Culoden et le Gorigou près de la beurrerie des Fontaines. Enfin elle traversait l'Aven en face de Ker an Treiz, autrement dit le hameau du Passage et non Ker Entrée comme mentionné sur la carte postale. Les enfants des habitants de ce village, comme d'autres à pareille époque, vivent modestement.

L'étang représente une précieuse réserve d'eau où peuvent s'abreuver les vaches des fermes du Bout du Pont ou des pentys situés à l'entrée de Rosporden.

De jeunes gamins, semblables à ceux de Kerantrez, auxquels les parents ont confié la garde des vaches, attendent impatiemment le moment où ils pourront rejoindre leurs amis et enfin prendre un bain dans l'Aven.

Des deux côtés de la rivière, il ne fait pas bon plonger. L'été, malgré la fraîcheur dispensée par la présence d'arbres le long de la berge, n'est décidément pas la bonne saison pour nager à son aise. On peut imaginer la hantise des meuniers face à un aussi faible débit.

Deux canotiers s'apprêtent à laisser glisser leur esquif sur l'onde légère. C'est le temps de parties de pêche à la ligne qui alimenteront les longues soirées d'hiver.

Que ce soit au bord de l'étang face à la ferme du Bout du Pont en Rosporden, actuellement occupée par les ambulances le Floch, ou au-dessus d'une des vannes de l'étang, la pêche à la ligne reste avant tout un moyen d'apprécier la beauté de cette vaste étendue d'eau.

Le grand pont comprenait cinq arches. L'une d'entre elles, à l'est, suscita au début du XIXe siècle d'intempestives querelles entre les riverains et le meunier. Ce dernier bouchait partiellement les voûtes du côté de Kernével, haussait les vannes de son moulin et celles du déversoir pour avoir plus d'eau.

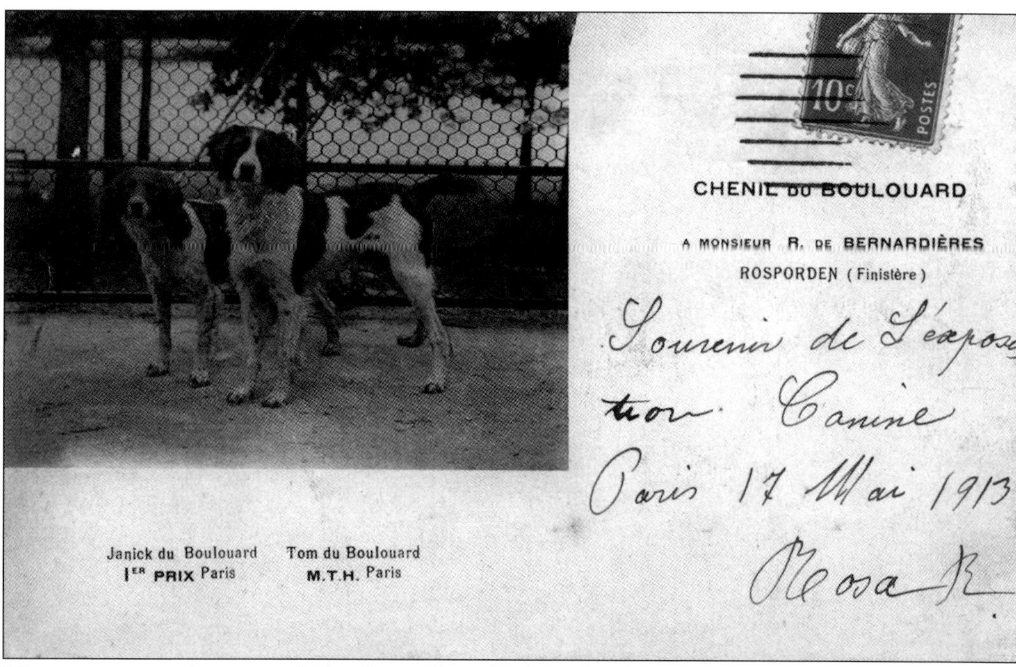

L'hiver annonce le temps de la chasse dans les bois des environs de Rosporden. Le chenil du Boulouard peut s'enorgueillir de disposer d'un duo de choc primé à Paris au printemps 1913. Le bois de Coat Aven résonne encore des bahulements* de victoire de Janick et de son compagnon Tom.

* Du verbe bahuler, spécifiquement rattaché à la vénerie et qui désigne les hurlements des chiens de chasse.

A proximité du moulin et du manoir de Coat Canton, après avoir emprunté les chemins creux bordant l'Aven, un arrêt s'impose à la fontaine. En ces temps où chez les belles dames la mode n'est pas au bronzage mais au teint peau de lait, l'ombrelle protège du soleil.

Il n'est guère aisé pour ces deux courageuses qui viennent d'accomplir une virée sur l'étang, vêtues de leur plus belle tenue, de reprendre contact avec la terre ferme.

Réunis sur le foirail, la cérémonie religieuse terminée, les jeunes époux fièrement assis sur leur monture et entourés de proches s'apprêtent à prendre le chemin de la campagne pour y célébrer dignement ce joyeux événement.

Le jour de la noce, un impressionnant cortège se regroupe devant l'église avant de célébrer l'union de deux des leurs.

A la sortie de l'église les jeunes mariés, avec dans leur sillage parents et amis passent devant le débit de boissons de Pierre Rivière. Il n'est que d'observer la tenue des mariés et des invités pour en saisir l'aisance financière.

Traditionnellement, les jeunes mariés prennent l'habitude de se faire photographier à Quimper chez Villard ou font appel à un photographe ambulant.

Le mariage est l'occasion de donner aux sonneurs le loisir de s'exprimer et de mettre de l'ambiance. Perchés sur deux barriques de cidre leur entrain ne manque pas d'attirer la foule, y compris des étrangers à la famille des mariés.

Les meilleurs couples danseurs de gavotte appartiennent au pays de Rosporden.

En d'autres circonstances, les musiciens savent aussi se montrer d'habiles danseurs.

Rosporden, repère d'un vieux chouan ?
Méfiez-vous des faux-semblants.

Un paysan âgé des environs de Rosporden dans son beau costume, regard clair et lucide, faciès épuré à l'extrême, se recueille à l'église.

Parmi les petits métiers qui fleurissent à Rosporden au début du XXe siècle, les jardiniers sont peu nombreux. Sur cette photographie un jardinier, agenouillé dans l'allée gravillonnée d'une demeure, récolte des baies

Bâton de marche en main, la vieille femme, qui arbore fièrement les sillons d'une vie bien remplie et épuisante, ne craint pas le temps qui passe s'envolant de sa pipe en terre cuite.

Au sein des activités de la maisonnée auxquelles n'échappent pas les jeunes filles et épouses en devenir, l'art de filer figure en bonne place. Quelques années auparavant, baguette en main, elle devait surveiller des vaches au bord de l'Aven, voire de l'étang.

Une jeune fille en compagnie de Mistigri pose dans son costume traditionnel près de la cheminée de la demeure familiale.

Les gravures du XIXe siècle sont aussi un excellent moyen pour apprécier la qualité et les mutations de l'habillement du pays de Rosporden.

Ce cliché daté des années 1890 présente une jeune femme de Rosporden.

Depuis le début du XIXe siècle jusqu'à l'entre-deux-guerres, la coiffe du pays de Rosporden dite *Giz Fouen* a constamment évolué. C'est dans les années vingt qu'elle prend la forme que nous lui connaissons actuellement.

Le photographe choisit l'univers quotidien de deux sœurs qu'il immortalise dans le jardin. Serait-ce la griffe d'Auguste Lijour, photographe ambulant originaire de Melgven, auteur d'un nombre impressionnant de plaques de verre du début du XXe siècle aux années quarante ?

3

Les événements

Comme tant d'autres communes, Rosporden érige au début des années vingt un monument aux morts représentant le sacrifice de ses hommes au cours d'un conflit dont on espérait qu'il serait le dernier. Hélas, une génération plus tard, il faut se résoudre à reprendre les chemins sanglants de la liberté aux destinées incertaines.

Le 26 novembre 1944, les membres de la Résistance du maquis de Rosporden se réunissent place de la Gare. Entourés de leurs hommes disposés à l'entrée de la gare et de l'ensemble de la population, ils ne vont pas tarder à recevoir les hommages qui leur sont dus. (Collection Huitric-Pétillon.)

Figurent de gauche à droite les principaux chefs du maquis : René Scavennec, Louis Bocquenet, Charles Le Gall, Albert Rivier, René Gall, Yves Le Corre, François Cotten, un inconnu, Robert Ricco, Yves Guillou, Alain Créo, Raymond Quintin. (Collection Huitric-Pétillon.)

Le capitaine Mercier, Louis Le Cléac'h dans le civil, félicite René Gall sous le regard d'Albert Rivier, maire dans les premiers temps de la Libération, et d'Yves Le Corre. Malgré les difficultés du temps, René Gall est parvenu à assurer l'alimentation du maquis de Rosporden. Il a aussi accueilli chez lui le colonel Berthaud, chef départemental des FFI, malgré la présence d'une cinquantaine d'Allemands dans la salle de danse. En 1945, le préfet nomme René Gall maire de Rosporden. (Collection Huitric-Pétillon.)

Au cours de cette cérémonie, les habitants ont encore à l'esprit le martyr de la rue du Pont Biais. A l'issue des combats du 4 août 1944 qui occasionnent de lourdes pertes dans les rangs de l'ennemi, des renforts allemands arrivent de toutes parts. En guise de représailles, Russes blancs (anticommunistes) et Allemands allument des incendies un peu partout, notamment dans le quartier du Pont Biais. Soixante maisons subissent ce triste sort, dont 32 brûlent entièrement. (Collection Huitric-Pétillon.)

Une partie des membres du corps-franc commandé par Joseph Postic *alias* Fantomas réunis après les combats de la Libération. On reconnaît André Ligen, dit Bec de Gaz, assis au premier rang, portant une chemise claire, et, au-dessus, André le Bihan, dit Pinard. (Collection Huitric-Pétillon.)

Après la libération de Rosporden et de Concarneau, des hommes du maquis rospordinois partent combattre sur le front de Lorient.

Deux membres inséparables des FFI, Jean Guéguen dit l'Empereur et Louis Quénéhervé dit la Plume, profitent d'un instant de répit après les combats de la libération de Rosporden pour se faire photographier. Sur le cœur de ces jeunes dans la fleur de l'âge s'affiche la croix de Lorraine.

Germain Pensivy est un homme qui compta énormément pour ces jeunes. Selon l'expression convenue, il était dur mais juste envers ses élèves. On le voit ici en 1935 en leur compagnie l'année de leur certificat d'études. Le capitaine Pensivy mourut lors des combats de 1940 à Aubigny-les-Pothées, dans les Ardennes. C'est en sa mémoire que le collège de Rosporden porte son nom.

Durant l'été 1945, le général de Gaulle est accueilli triomphalement en Bretagne. Le 22 juillet 1945, l'homme du 18 Juin traverse la cité des étangs sous les ovations d'une foule en liesse libérée du joug allemand. (Collection François Pétillon)

C'est un public conquis où se mêlent canotiers, chapeaux bretons et casquettes qui, le 20 août 1923, se masse dans la tribune officielle sur la ligne d'arrivée à l'occasion d'une des premières épreuves sur piste de Rosporden.

Rosporden se distingue par ces personnages qui ont forgé grâce à leur initiative son identité sportive. Véritable terreur du Vél'd'Hiv dans les années suivant l'armistice de Rethondes, l'Alsacien André Sprauel est à l'origine de la création du vélodrome de Rosporden inauguré en 1923. Vélodrome dû aussi à l'initiative d'un groupe de commerçants avec à leur tête Victor Donval. Le rôle de Sprauel au sein du maquis de Rosporden est à souligner.

Dans l'atelier d'un photographe, Boedec, l'un des héros du vélodrome rospordinois pose en tenue de pistard sur son vélo de compétition. Les années vingt sonnent l'heure de gloire de l'anneau situé en bordure de la route de Coray à proximité du collège Germain Pensivy.

La section cycliste du Gros caillou sportif au grand complet en 1922 devant une brasserie parisienne. Ce groupe, créé à Paris en 1919, accueille près de 450 membres dans différentes activités sportives. On reconnaît André Sprauel assis au premier rang à droite aux côtés de quatre autres pistards.

Ce brillant élément rafle victoire sur victoire : c'est un chasseur qui ne craint pas de prendre des risques et est doté d'un sens aigu de la course sur piste. A l'occasion de sa 60e victoire en vitesse-poursuite, individuelle et course à l'américaine, le Gros caillou sportif lui décerne en 1921 une médaille commémorant cet exploit.

L'avers de la médaille révèle toutes les vertus du sport cycliste telles qu'elles sont perçues à l'époque. Trois cyclistes roulent en parfaite harmonie dans une France rurale où pointe à l'horizon le clocher d'un village.

Dans l'individuelle de 1927, épreuve dans laquelle Sprauel excelle, le maître de la piste passe devant la cloche, sous les applaudissements d'un public tout acquis à sa cause. (Collection Huitric-Pétillon.)

Durant cette même journée estivale, Marcel Buysse et Sprauel entament une course-poursuite mémorable. Marcel Buysse, coureur cycliste belge né le 11 novembre 1889 à Wontergem, fait partie d'une famille de coureurs cyclistes de renom. Professionnel en 1909, il le reste jusqu'en 1926. Les organisateurs misent sur la gloire récente de cet as afin de drainer un maximum de spectateurs d'horizons géographiques variés sur le pourtour de la piste. (Collection Huitric-Pétillon.)

Les années se suivent et le succès des courses sur piste s'affirme. Les meilleures pointures du moment sont réunies à l'occasion du Grand Prix de Pâques du 2 avril 1934. C'est l'époque glorieuse où les cachets des vedettes ne plombent pas le budget des organisateurs. (Collection Huitric-Pétillon.)

Le 23 août 1942, une réunion sur piste rassemble un public nombreux. Sur la ligne de départ d'une série vitesse, on retrouve de gauche à droite Louët, Cutullic et le fils d'André Sprauel. (Collection Huitric-Pétillon.)

Au cours de cette série, les trois protagonistes sont au coude à coude au bas de la corde. (Collection Huitric-Pétillon.)

La guerre n'entame pas la ferveur sportive. A l'occasion du critérium qui se déroule au vélodrome de Rosporden en 1942, de vieilles gloires cyclistes prennent la pose. Assis de gauche à droite : Gicquel, Tutur Henindryxck, Le Gall de Moëlan. Debout de gauche à droite : Berthaud, Charlot Hélias, Boëdec, J.-M. Huon, Baré et Jaffredou. Le public venait de loin pour assister à cette animation de renom. (Collection Huitric-Pétillon.)

Aux alentours du 6 avril 1940, un groupe de cyclistes s'affiche devant le magasin d'André Sprauel, accroupi devant ses amis. La vitrine ne manque pas d'annoncer aux passants un grand bal le 7 avril, des représentations théâtrales, une grande kermesse, ainsi que le match qui opposera en ce printemps de la drôle de guerre le Football club de Nantes à l'ASR. (Collection Huitric-Pétillon.)

Vers la fin des années trente, l'équipe de l'ASR profite d'un déplacement à Concarneau, à l'occasion d'un match contre l'USC, pour se faire photographier. Après l'épreuve, une fois les tribunes vides, les jeunes arborent un sourire. Est-ce celui de la victoire ? (Collection Huitric-Pétillon.)

Malgré la guerre les jeunes de l'ASR, sous la houlette de Jean Kernaléguen portant lunettes cerclées et chapeau mou, continuent de se distinguer dans une ambiance troublée où le collectif et la cohésion du groupe sont les ferments de la victoire. (Collection Huitric-Pétillon.)

Les jeunes footballeurs de l'ASR, en déplacement à Rostrenen le 2 juin 1941, posent aux côtés de Prudent Joye (n° 3), LA figure emblématique de l'athlétisme français des années quarante, champion d'Europe du 400 mètres haies. Léon Kernaléguen (n° 1), en tenue d'athlète, sera tué lors des combats de Rohantic le 15 juin 1944. Son père, Jean (n° 2), restera l'une des figures les plus charismatiques de cette glorieuse équipe et se distinguera dans la Résistance.

Le cortège de l'Etoile sportive, au son des tambours et des trompettes, traverse la rue Nationale au milieu d'une foule où se mélangent tenue de ville et costume traditionnel. Quelques coiffes barrent le bas de la rue Pasteur.

En 1927, les membres de l'Etoile sportive font preuve de leur souplesse physique au vélodrome devant une tribune archibondée.

Dans les années cinquante, le déroulement d'une démonstration de ski nautique concentre sur les berges de l'étang une foule de curieux. Du haut des tribunes, le public admire les prouesses acrobatiques du skieur qui évolue sur un plan d'eau de rêve.

Le lundi 6 avril 1912, jour de Pâques, se déroule la grande cavalcade. Un groupe de grenadiers emprunte le quartier de la gare et laisse derrière lui l'hôtel Flatrès. La renommée de cette manifestation est telle qu'elle draine une foule immense arrivant par trains supplémentaires.

Ce jour-là, le registre paroissial mentionne que les jeunes gens du Cercle avaient le char de Napoléon avec ses grenadiers, et les Enfants de Marie celui de la Duchesse Anne avec ses dames d'honneur. Ces deux chars ont été très remarqués et le char de l'Enfer (la chaudière) qu'on songeait à représenter a été laissé de côté.

Le jour de la cavalcade, les murs de Rosporden portent encore les traces des élections à la députation du 17 mars 1912. Le colonel Hugo-Derville en remplacement de Hémon, élu sénateur, en sort victorieux. Le candidat catholique passe avec 1 342 voix de majorité contre Masson, socialiste, et Soulière, candidat radical.

Tracté par un cheval, comme ici dans les années vingt-trente, le corso fleuri est une œuvre éphémère.

Si le tracteur a supplanté le cheval d'avant la Grande Guerre, la joie figure toujours sur les visages des enfants. La réalisation des chars donnait lieu à l'étalement d'une expression artistique riche en couleurs et parfois audacieuse.

Des mois de préparation sont nécessaires pour donner corps à un projet autour duquel se réunissent les membres d'une famille, ou des copains. C'est certainement le moment le plus attendu de la vie rospordinoise.

Avant guerre, l'armature métallique de certains chars était réalisée au Pont Biais. L'équipe de football, en alternance avec l'amicale laïque, se chargeait d'organiser cette fête phare du calendrier des animations printanières de la ville. Le cortège s'ébranlait de la Butte, descendait en ville, empruntait la route de Coray avant de poursuivre par la rue E. Renan, la rue Nationale et terminer sur le terrain de football.

La fête des écoles laïques représentée par une ribambelle d'enfants qui, gageons-le, n'auront pas trop de mal à se reconnaître quelques décennies plus tard… (Collection Huitric-Pétillon.)

Sur la place de la gare, les propriétaires du café Rannou prennent l'initiative de construire dans les années vingt une salle de danse mitoyenne à leur café. Son imposante architecture, aux allures d'usine, tranche avec l'ensemble des autres bâtiments. Sur le fronton est gravé : « *A. Rannou - Aven Dancing* ». (Collection Gaby.)

Dans l'entre-deux-guerres les frères Richard, originaires de Kernével, étaient fort appréciés des danseurs qui n'hésitaient pas à effectuer des kilomètres pour se laisser emporter sur les rythmes endiablés de l'époque au son des violons, de l'accordéon ou encore du saxo. (Collection Huitric-Pétillon.)

Dans les années trente, Rosporden ne compte pas moins de quatre salles de danse tenues par René Gall, rue le Bas, Alexandre Rannou, rue de la Gare, Jean Jaouen, rue de Reims, et son frère, place de Verdun. Autant dire que les frères Richard n'ont pas le temps de chômer. Dans l'après-guerre, les Frères Médinger, un orchestre parisien rencontré par René Le Gall à Montparnasse, animèrent quelques soirées et matinées dansantes.

Sur ce document antérieur à juin 1944 figurent Georges Louët, Alexandre le Louët, Louis Chapalin, A. Bertholom, Anna Sancéau, Jos Labbé, Léon Kernaléguen, A. Déniel, Ollivier, Louis Nicolas. (Collection Huitric-Pétillon.)

Par les chemins de Rosporden résonnent binious et cornemuses qui accompagnent les marcheurs revêtus du costume traditionnel du pays.

Des enfants encadrés par une sœur lors d'une procession religieuse dans les années quarante arrivent au bas de la rue Pasteur avant de cheminer le long de la rue Le Bas.

Une procession religieuse descend la rue Nationale en direction de la place de la Mairie. Entre les deux bannières, un groupe de mères de famille porte la statue de sainte Anne achetée par la paroisse en 1906. Sur la droite de la rue, parmi les affiches publicitaires apposées sur le pignon, figure celle de Boedec, marchand de cycles Peugeot.

De Rosporden au bourg de la Trinité, ou de Bonne Nouvelle, d'impressionnantes processions formées d'habitants des communes limitrophes donnent lieu à des rassemblements où apparaissent les plus beaux costumes de la région.

4
L'activité économique

Dans les années trente, en venant de Concarneau, il est possible en descendant la rue Pasteur de trouver un garage automobile. L'école Saint-Michel, dont on aperçoit un morceau de façade au bas de la rue, fut démolie en octobre 1966. En tournant à droite à L'Economique, on accède au champ de foire. (Collection Huitric-Pétillon.)

Quelques années avant le début de la première guerre mondiale, des journaliers des environs de Rosporden font une pause avant de reprendre leur activité de terrassier en bordure de la voie ferrée. Sur cette photo figure, surmonté d'une croix, Pierre le Noc, du Porzou en Kernével.

Le patron d'une scierie entouré de sa famille et de son personnel.

La ferme du Bout du Pont ou de Pen ar Pont aux allures de demeure manale (manoir), avec sa tourelle donnant accès à l'étage, se situe à la sortie de Rosporden.

Dans le sillage de Sant Dewy, un moine nommé tour à tour Guenganton ou Ganton érige un autre monastère dans la région. Dans la première moitié du VIIe siècle, il s'implante dans les bois situés entre l'Aven et la route de Rosporden à Coat an Poudou. Une parcelle proche du manoir de Coat Canton conserve le nom de Coat Lann, le bois du monastère.

En 1700, le meunier Alain Ollivier occupe le moulin de Coat Canton auquel sont accolées deux crèches. Au début des années 1900, le long de la berge bordant la retenue d'eau du moulin de Coat Canton au plus fort des moissons, des paysans des environs s'activent autour de meules de paille. Dans les années 1890, la surveillance des bois environnants incombe au garde-forestier Jérôme Moal né en 1852.

Rare cliché de la réserve du moulin qui permet de constater par rapport à la photo de dessous la suppression de l'escalier menant au grenier. L'entrée de Rosporden est marquée par la présence de peintures publicitaires dont l'emplacement fluctue selon l'époque. Question marketing, Lefêvre-Utile et les distributeurs de Vieille Cure savent se positionner.

Cette photo, prise depuis la voie ferrée, présente une vue de la minoterie et d'une partie du quartier de la rue H. Le Bas.

Une paysanne tout droit venue de Melgven bifurque au bas de la rue Pasteur en direction des halles. Les risques d'encombrement ne sont pas rares et génèrent bien souvent des frictions au sein de la population.

Les anciennes halles, trop petites, ne pouvant plus accueillir les marchands et les céréales qu'ils souhaitent entreposer, sont abattues en 1895. Elles font place à un édifice spacieux accolé à la mairie et inséré entre Courtay, peintre-vitrier, et Côme, sellier.

La place au Beurre où se tenait, selon un règlement de police daté de 1821, le marché de la volaille. Afin d'assurer aux habitants l'approvisionnement en eau potable, la municipalité fait couvrir, en 1880, le puits des Trois Marchands et installe deux pompes au milieu de la place au Beurre.

Ce puits, situé près de l'hôtellerie du même nom, devient en 1808 propriété de la municipalité. Le maire décide de l'entourer d'une margelle en pierres de taille avec des pierres provenant de la croix en ruine de la place du Boulouar. L'étude de maître Le Strat se situait derrière la pompe. On aperçoit d'ailleurs l'enseigne de l'office notarial au-dessus de la porte.

Avant son transfert au Boulouar en 1791, où la tradition rapporte qu'il y avait une croix, jusqu'à l'entrée du chemin de Coat Canton, le marché aux chevaux se tient près de l'étang au nord de l'église. La place du Boulouar est occupée par l'hôtelier Capitaine et souligne tout le caractère rural de cette entité géographique à cheval sur Melgven et Rosporden.

L'église et le champ de foire se trouvaient au bord de l'étang. Le terrain en cette partie de la ville était si pentu qu'on l'appelait « le précipice de l'étang ». En 1847, afin de venir en aide aux nombreux indigents, la municipalité les fait travailler à l'aplanissement du terrain et entreprend de border d'arbres le champ de foire.

Sous l'ombre bienfaisante des arbres du foirail, les paysans des alentours mènent leurs affaires en espérant vendre à bon prix ces petites vaches robustes.

Le 4 novembre 1818, le foirail s'installe sur la route de Quimper peu après la route de Saint-Tiler. Enfin, le 1er octobre 1871, la municipalité fait l'acquisition d'un terrain en bordure de la route de Rosporden à Concarneau et de la rue de la Fontaine. En 1873, la place aux chevaux est reliée à la rue Nationale par la rue Pierre Loti.

Le jour du marché et des foires, un nombre considérable de propriétaires de chevaux afflue des campagnes environnantes. Un aspect rural qui s'ancre dans le paysage urbain. Ainsi, en épluchant les archives de la ville, trouve-t-on à diverses époques la rue des Vaches, la place aux Génisses ou encore la place aux Porcs.

Les chars à bancs, brancards en l'air, sont remisés dans un coin de la place aux Chevaux, tandis qu'au milieu des plus beaux spécimens du canton, paysans et acheteurs mènent leurs affaires. Quelques coiffes sont parvenues à se glisser au sein de cette assemblée masculine. La rue Pierre Loti leur permet d'accéder plus aisément à la place au Beurre.

Un jour de foire ordinaire sur l'actuelle place de Verdun, à l'angle de la rue Pierre Loti. En 1871, sur le marché aux bestiaux, on dénombre en moyenne 500 bêtes à cornes. Le commerce des chevaux prend une telle envergure que la même année on crée un champ de foire. A la foire Saint-Nicolas de 1950 sont acheminés 90 à 100 claies contenant 5 ou 6 porcelets, 100 bêtes à cornes environ, 200 poulains et une centaine de chevaux de service.

Le percement de la rue Pierre Loti facilite grandement la circulation les jours de foire. Un café s'est établi à l'angle gauche, tandis que Le Gloanec, peintre-vitrier, lui fait face. Comme dans de nombreuses communes à cette époque, le paysage urbain de Rosporden se restructure.

L'abondance des produits laitiers permet la création d'entreprises. Au bas de la rue le Bas, la première beurrerie voit ainsi le jour en 1890 sous l'égide de Le Moal, imité vers 1905 par Curo, puis plus tardivement Picard. A cette beurrerie s'ajoute une fabrique de gâteaux.

Dans le prolongement de la création de la voie ferrée Paris-Quimper en 1862, les lignes de Concarneau, ouverte en 1883, et de Carhaix, en 1896, participent grandement au développement économique de Rosporden.

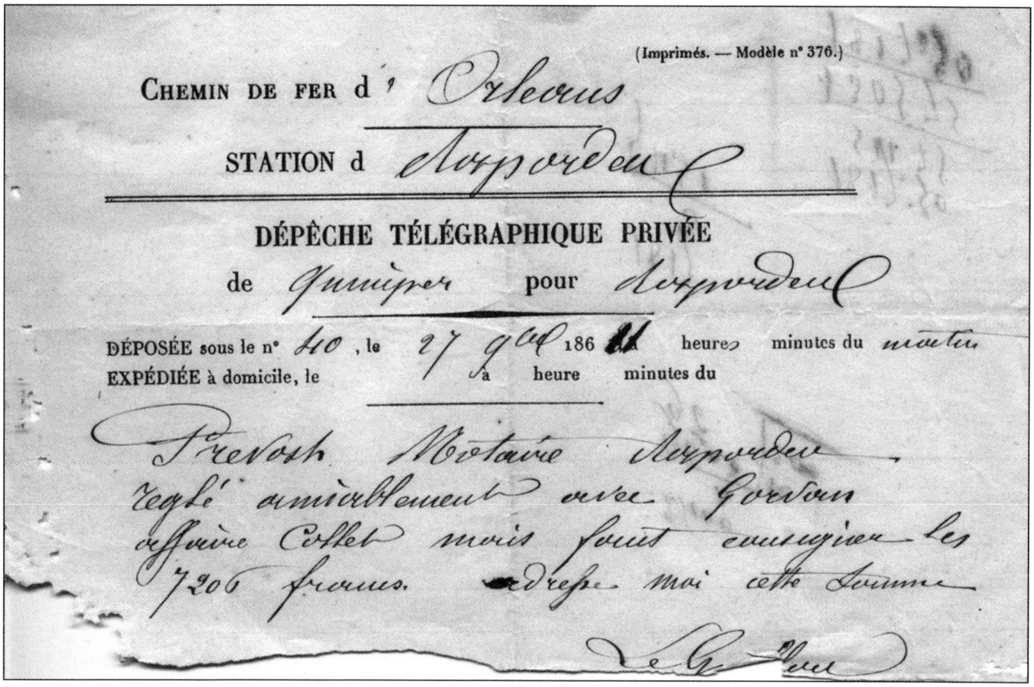

(Imprimés. — Modèle n° 376.)

CHEMIN DE FER d'Orléans

STATION d Rosporden

DÉPÊCHE TÉLÉGRAPHIQUE PRIVÉE

de Quimper pour Rosporden

DÉPOSÉE sous le n° 110, le 27 9bre 1861 heures minutes du matin
EXPÉDIÉE à domicile, le à heure minutes du

Prevost Notaire Rosporden,
reglé amiablement avec Gorvan
affaire Collet mais faut consigner les
7206 francs. adresse moi cette somme

Parallèlement à la construction de la gare de Rosporden, la Compagnie des Chemins de Fer d'Orléans, qui a en charge le réseau ferré de tout l'ouest, y implante une station télégraphique. Un outil merveilleux qui facilite grandement le traitement des affaires du notaire Prévost.

La vie s'organise en marge du rail. Le personnel de la gare dispose d'un jardinet situé en bordure de la voie ferrée.

L'arrivée du chemin de fer dans la cité des étangs va considérablement modifier le paysage des alentours. L'espace situé entre la ligne, l'étang et l'église est classé monument historique en 1932.

Une machine-tender n° E 416 à vapeur saturée construite en 1913 pour le réseau breton et exploitée par la Société générale des chemins de fer économiques. D'une longueur de 11 mètres, la machine ne pèse pas moins de 54 000 kilos.

La gare de Rosporden au début des années 1900. Le train de Concarneau est formé avec du matériel de 1862. A la sortie de la gare, en bordure de la voie ferrée, l'hôtel A la Descente de Rosporden offre gîte et couvert.

Une locomotive de type 141 R permet depuis la gare de Rosporden de rallier Quimperlé en 28 minutes, Saint-Yvi en 9 minutes. Le retour s'avère un peu plus long puisqu'il faut compter respectivement 45 minutes et 22 minutes depuis Quimperlé et Saint-Yvi.

En 1862, la Compagnie d'Orléans se charge de relier par ce pont le bord de l'étang, où se tient le champ de foire, à la route de Coray. On devine aisément le formidable impact économique de cette ligne sur l'agriculture. La campagne est désormais à une poignée de minutes de Rosporden.

Un deuxième pont enjambe la partie nord des étangs, permettant ainsi d'établir une liaison ferroviaire de Rosporden à Carhaix. La ligne désaffectée offre aujourd'hui la possibilité d'agréables promenades.

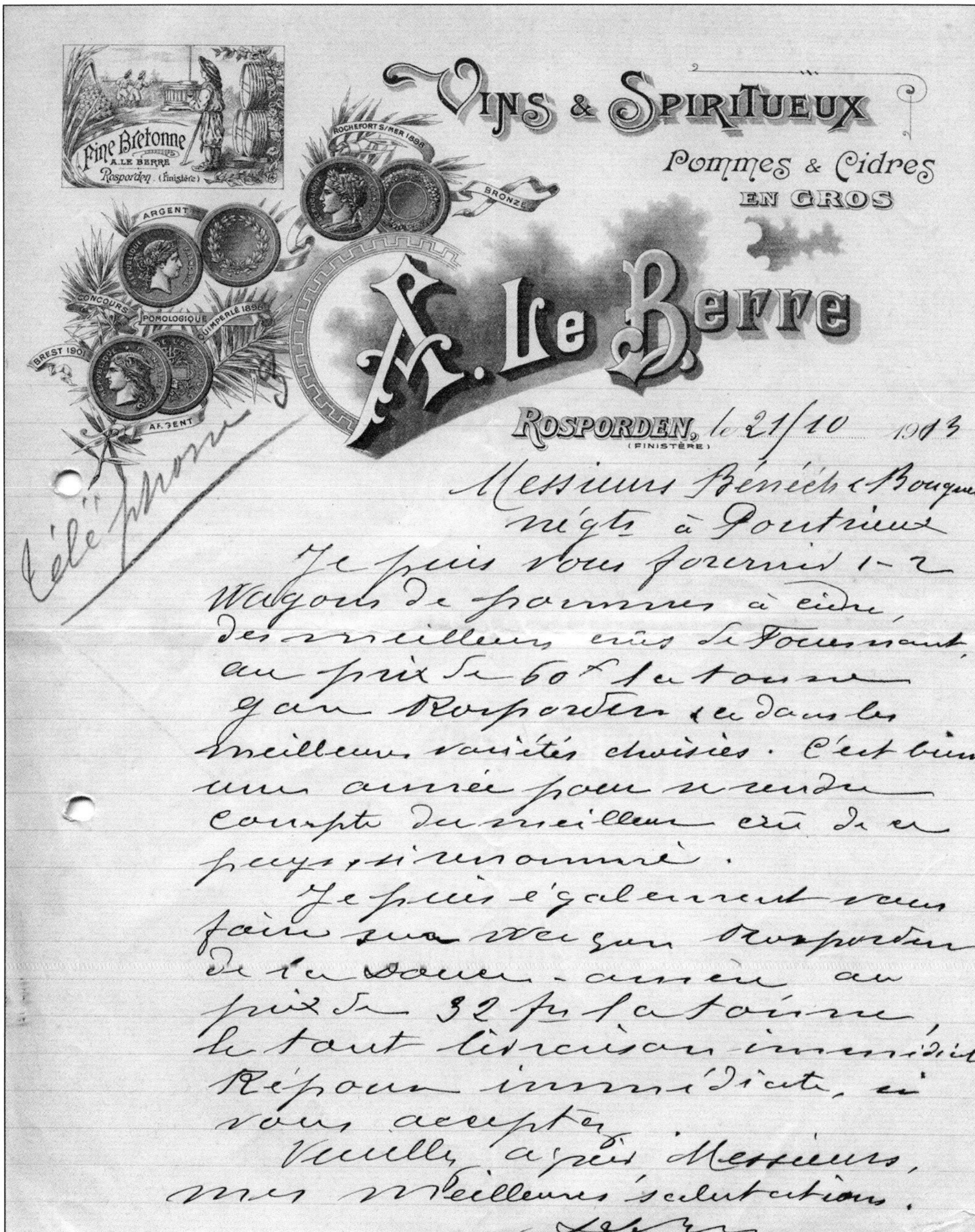

VINS & SPIRITUEUX

Pommes & Cidres EN GROS

A. Le Berre

ROSPORDEN, le 21/10 1913
(FINISTÈRE)

Messieurs Bénéch & Bouquen
négts à Pontrieux

Je puis vous fournir 1-2 wagons de pommes à cidre, des meilleurs crus de Fouesnant au prix de 60f la tonne gare Rosporden et dans les meilleures variétés choisies. C'est bien une année pour se rendre compte du meilleur cru de ce pays si renommé.

Je puis également vous faire un wagon Rosporden de la douce-amère au prix de 32 fr la tonne le tout livraison immédiate. Réponse immédiate, si vous acceptez.

Veuillez agréer, Messieurs, mes meilleures salutations.

A Le Berre

L'ère ferroviaire donne l'occasion à A. Le Berre, marchand de vins et spiritueux, de se positionner parmi les meilleurs grossistes de la région. En 1913, il propose aux négociants de Pontrieux *« 1-2 wagons de pommes à cidre, des meilleurs crus de Fouesnant au prix de 60 francs la tonne en gare de Rosporden et dans les meilleures variétés »*. Le Berre bénéficie d'une solide réputation et rafle les prix.

VINS, EAUX-DE-VIE
ET
Liqueurs en Gros

POMMES
ET
CIDRES EN GROS

A. Le Berre
ROSPORDEN
Finistère

Valeur avec faculté de faire traite sans opérer novation

Monsieur Antoine Carhaix Doit

Rosporden, le 2 Novembre 1901

MARQUES	Nos	QUANTITÉS			
			Compte antérieur		
A.T		15000 kos	Pommes à	75 00	1125 00

Sobriété de l'en-tête de facture du grossiste A. Le Berre dont l'activité économique profite pleinement de l'implantation de cette gare d'où il expédie, début novembre 1901, 15 tonnes de pommes à cidre en direction du nord-Finistère.

VINS & SPIRITUEUX EN GROS

QUÉMÉRÉ
LE FLAO
GENDRE & SUCCR
ROSPORDEN
(FINISTÈRE)

Adresse Télégr.
LEFLAO - VINS
ROSPORDEN

TÉLÉPHONE 24

R.C. QUIMPER
No 1415

le .... 192..

Doit M

Parmi les autres marchands de vins et spiritueux, l'entreprise Quéméré-le Flao est à compter parmi les entreprises les plus en vue à Rosporden dans l'entre-deux-guerres.

La place de la Gare est déserte, tandis que les tenanciers du café Rannou et de l'hôtel Flatrès paraissent attendre l'arrivée prochaine de voyageurs qui, à défaut de se rafraîchir, se laisseront peut-être aller à acheter *Le Petit Journal* dont une publicité orne la façade Flatrès.

La terrasse du café Rannou accueille un groupe de voyageurs, casquette rivée sur le crâne, venus se désaltérer avant de poursuivre leur chemin. Sont-ils les heureux propriétaires d'une des trois splendides automobiles stationnées dans la rue ?

L'implantation de la gare donne lieu au développement de la partie occidentale de Rosporden. Cette ribambelle de gamins entravant la route est le symbole même de cette vivacité économique et démographique.

Le pourtour de la place de la Gare ressemble à un immense foirail. Les chevaux attendent leur embarquement à bord d'un train. La présence de militaires au milieu du troupeau ne laisse planer aucun doute quant à leur destination. Cette photo a été prise depuis l'une des fenêtres du débit le Bihan. Entre les deux bâtiments de droite, Rannou construira dans les années vingt une salle de danse de grande renommée.

Non loin des citernes, accoudé à la barrière, un groupe de curieux assiste à l'entrée en gare du train Quimper-Quimperlé. A l'extérieur de la salle des pas perdus une femme, sagement installée dans sa charrette, patiente en attendant l'arrivée de voyageurs.

Au fil des ans la charrette sera peu à peu remplacée par l'automobile qui prendra en charge le destin des voyageurs.

Le raccordement des lignes de Concarneau et de Carhaix favorise l'arrêt de l'ensemble des trains, pour correspondance en gare, et assure l'ouverture d'hôtels et de restaurants. Sur la place de la Gare émergent le restaurant de la Gare, Rannou Boissons, l'hôtel Flatrès qui se lance dans la location de voitures. Dans l'axe de cette place, en bordure de la rue Nationale, Le Bihan ouvre un débit de boissons.

La place de la Gare grouille de voyageurs fraîchement débarqués du train. Des étrangers au pays sont aisément identifiables à leur costume.

Par temps chaud, une aire ombragée permet aux paysannes s'apprêtant à partir en pèlerinage à Huelgoat de patienter entre deux trains tandis que la terrasse du restaurant Flatrès donne l'occasion aux hommes de se rafraîchir.

Au fil des ans, la gare de Rosporden accueille un flux de voyageurs sans cesse croissant visible dans l'agrandissement des capacités d'accueil des édifices hôteliers. L'hôtel de la Gare et Flatrès sont les exemples parfaits de cet essor.

Dans l'entre-deux-guerres, l'hôtel Flatrès se transforme en hôtel d'Arvor ; au coin de l'hôtel de la Gare le garage Castrec ouvre ses portes. A la sortie de la gare, un taxi chargé de véhiculer les passagers dans les communes avoisinantes attend patiemment son flot de voyageurs.

Des hôtes bien matinaux risquent un œil à la fenêtre, tandis que les maîtres des lieux, cachés derrière les trois superbes automobiles, s'apprêtent à donner le meilleur d'eux-mêmes pour assurer la réputation du lieu.

Si le train se révèle être une véritable merveille, la petite reine reste l'amour secret de nombreux gars de Rosporden. La cité a la chance de compter en son sein un redoutable agent de diffusion. Sprauel s'est en effet spécialisé dans la vente des cycles Peugeot. L'impact du Tour de France y est pour quelque chose. On le retrouve devant son magasin, à gauche de la photo, aux côtés de son épouse et de son personnel. (Collection Huitric-Pétillon.)

De 1925 à 1935, il tient un garage rue Nationale. Sa devanture de marchand de cycles Peugeot est aisément reconnaissable grâce aux publicités Dunlop, Mobiloil, Dresch. En mitoyenneté de ce magasin, une agence du Crédit nantais ouvre ses portes aux épargnants.

Dans les années vingt-trente, le garage Sprauel répare les autos Peugeot mais aussi les motos. Entre les mains d'un as passionné de mécanique, le garage atteint une grande renommée. (Collection Huitric-Pétillon.)

Une partie de l'intérieur de l'atelier où s'effectuent les réparations des chambres à air martyrisées par des chemins de campagne agressifs. (Collection Huitric-Pétillon.)

André Sprauel, deuxième depuis la gauche, entouré de ses ouvriers dans son atelier de la rue Nationale. Malheur à celui qui osait lui apporter en réparation un vélo mal entretenu. « *C'est cracra* », disait l'homme minutieux. C'est ainsi que la population finit par le surnommer Cracra. (Collection Huitric-Pétillon.)

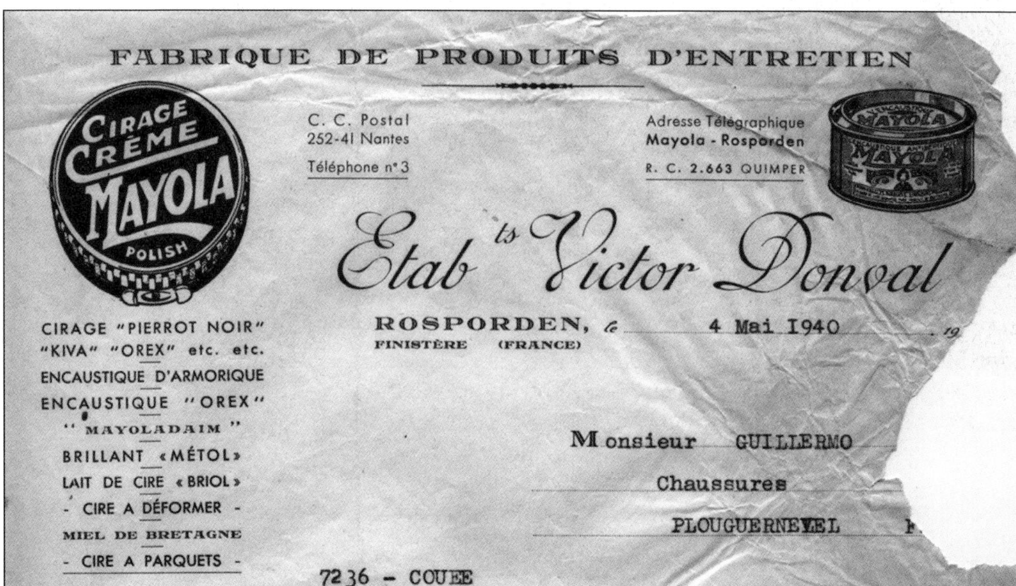

FABRIQUE DE PRODUITS D'ENTRETIEN

CIRAGE CRÊME MAYOLA POLISH

C. C. Postal
252-41 Nantes
Téléphone n° 3

Adresse Télégraphique
Mayola - Rosporden
R. C. 2.663 QUIMPER

Etab^ts Victor Donval

ROSPORDEN, le 4 Mai 1940 19
FINISTÈRE (FRANCE)

CIRAGE "PIERROT NOIR"
"KIVA" "OREX" etc. etc.
ENCAUSTIQUE D'ARMORIQUE
ENCAUSTIQUE "OREX"
" MAYOLADAIM "
BRILLANT «MÉTOL»
LAIT DE CIRE «BRIOL»
- CIRE A DÉFORMER -
MIEL DE BRETAGNE
- CIRE A PARQUETS -

Monsieur GUILLERMO
Chaussures
PLOUGUERNEVEL

7236 - COUEE

IMP. CORNOUAILLAISE, QUIMPER - 1869-12-38

En-tête de facture des établissements Victor Donval daté du 4 mai 1940. Ce jour-là, l'entreprise rospordinoise expédie à Plouguernevel, au marchand de chaussures Guillermo, 6 douzaines de boîtes de cirage Mayola n° 3 noir acajou et 2 douzaines de boîtes de cirage Mayola noir n° 2. Un total de 187,40 francs assujetti à une taxe d'armement de 1 %.

Le cirage Mayola, qui a fait la renommée de la cité des Etangs, s'affiche sur les buvards.

Une fois que les usines sardinières de Concarneau se lancent dans l'aventure des conserves de légumes, la culture des petits pois s'implante dans l'arrière-pays. A Rosporden, l'introduction de cette culture date de 1910. Le premier conflit mondial terminé, Laurent Boutet, une association de paysans propriétaires, puis Nicolas se lancent dans la conserve alimentaire.

Le conflit de la Galoche, qui s'étend du 17 décembre 1936 au 18 février 1937, est un de ces conflits d'avant guerre qui marque d'une empreinte indélébile le monde du travail. Ouvriers et apprentis, aux côtés des enfants, posent ensemble à l'issue de cette longue lutte. L'un d'entre eux porte une pancarte indiquant que cette grève est *« la victoire de la soupe populaire et de la solidarité »*. (Collection Huitric-Pétillon.)

La cour de la fabrique de galoches Au Biniou Breton tenue par Michel le Roy. Né en 1910, il avait un frère surnommé le Petit Prince. Deux autres galocheries, Hamon et Gorant, participent à la renommée de Rosporden. (Collection Huitric-Pétillon.)

Célestine BIHAN
24 rue de Kerenté
Kernevel Rosporden

Bibliographie

Guiriec, Henri (père), *Histoire de la paroisse de Rosporden*, « Monographies des villes et villages de France », Le Livre d'Histoire-Lorisse, Paris, 2003.

Gravure de la rue de Reims, vers 1840, réalisée par J. J. Potel, professeur de dessin à Nantes, parue dans son ouvrage *La Bretagne et ses monuments*.

MÉMOIRE
en Images

ROSPORDEN